TIME
FOR KIDS

UNA MANO a la TIERRA

Salvando el
medio ambiente

Jessica Cohn

Consultores

Timothy Rasinski, Ph.D.
Kent State University

Lori Oczkus
Consultora de alfabetización

Donald L. Coan, Ph.D.

Basado en textos extraídos de
TIME For Kids. *TIME For Kids* y el logotipo
de *TIME For Kids* son marcas registradas
de TIME Inc. Utilizados bajo licencia.

Créditos de publicación

Dona Herweck Rice, *Jefa de redacción*
Conni Medina, *Directora editorial*
Lee Aucoin, *Directora creativa*
Jamey Acosta, *Editora principal*
Lexa Hoang, *Diseñadora*
Stephanie Reid, *Editora de fotografía*
Rane Anderson, *Autora colaboradora*
Rachelle Cracchiolo, *M.S.Ed., Editora
comercial*

Créditos de imágenes: págs. 34, 37 (abajo)
iStockphoto; págs. 8–9 NASA; pág. 23
(abajo) AFP/Getty Images/Newscom; pág.
5 (arriba) Danita Delimont/Newscom; pág.
38 (derecha) Richard Hutchings/Photo
Researchers, Inc.; pág. 29 Timothy J. Bradley/
Robin Erickson; págs. 6–7, 15–16 Timothy
J. Bradley; todas las demás imágenes de
Shutterstock.

Teacher Created Materials
5301 Oceanus Drive
Huntington Beach, CA 92649-1030
http://www.tcmpub.com
ISBN 978-1-4333-7101-1
© 2013 Teacher Created Materials, Inc.
Printed in China
YiCai.032019.CA201901471

Tabla de contenido

Efectos extremos. 4

Influencia humana 10

En nuestras manos 32

Glosario. .42

Índice. 44

Bibliografía 46

Más para explorar 47

Acerca de la autora. 48

Efectos extremos

En todos lados hay condiciones climáticas extremas. Fuertes lluvias están cayendo en la India. Incendios forestales se están desatando sobre las secas montañas de California. Los desiertos se están volviendo más grandes. Al mismo tiempo, el hielo ártico está disminuyendo. Los **glaciares** en el norte se están derritiendo a un ritmo más rápido. Esto significa menos espacio para los animales que viven allí. Estos animales deben mudarse a nuevas áreas o morir. Estos son solo algunos ejemplos de los efectos del cambio del **clima** en la Tierra.

Los científicos han estado estudiando los cambios en la Tierra por muchos años. Y ahora están observando un patrón. No es posible que nadie haya sentido el cambio. Pero la temperatura de la Tierra ha aumentado durante el último siglo. Es aproximadamente 1.4 °F más caliente. Eso no parece demasiado, pero los efectos son claros.

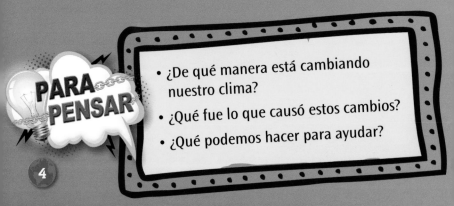

PARA PENSAR

- ¿De qué manera está cambiando nuestro clima?
- ¿Qué fue lo que causó estos cambios?
- ¿Qué podemos hacer para ayudar?

Tornándose más cálido

Muchas cosas pueden elevar la temperatura de la Tierra. Los volcanes pueden calentar el aire. El agua cálida puede elevar la temperatura de la tierra. La luz solar puede hacer que el aire se torne más caliente también. Pero casi todos los científicos creen que la principal razón del aumento son los **gases invernadero**. Estos son gases en la atmósfera de la Tierra. Atrapan el calor del sol. Esto aumenta la temperatura de la atmósfera. Y hasta pequeños cambios en las condiciones climáticas y el clima pueden causar grandes cambios en el clima de la Tierra.

El efecto invernadero

Los gases invernadero incluyen **dióxido de carbono**, **metano** y **vapor de agua.** Estos gases se producen naturalmente y mantienen cálido a nuestro planeta. Sin embargo, las actividades humanas han producido más de estos gases. Estos gases han atrapado el calor y creado un efecto invernadero gigante sobre la Tierra.

Efecto invernadero natural

Gases invernadero

Radiación solar

Calor re-irradiado

¿Cuál es la diferencia?

Las condiciones climáticas son una situación que tiene lugar a lo largo del paso de las horas o días. El clima significa las condiciones climáticas promedio en una región durante varios años.

Causa y efecto

Las siguientes actividades humanas contribuyen al aumento de los gases invernadero:

- Quema de combustibles fósiles
- Deforestación
- Cría de ganado
- Producción industrial de animales de granja
- Cambios en la forma de utilizar la tierra

Efecto invernadero intensificado por el hombre

Más gases invernadero

Calor re-irradiado

Radiación solar

Calor re-irradiado

Fuera de los gráficos

Los científicos recogen y analizan **datos**. Observan datos del pasado para hacer previsiones sobre el futuro. Los **modelos de clima** ayudan a los científicos a observar cómo las condiciones en la Tierra afectan otras condiciones. Utilizan satélites y computadoras para medir los cambios. Los científicos comparan los modelos con pruebas que realizan en el área. Todos los datos muestran que el aumento de los gases invernadero está haciendo que la Tierra se caliente. Los científicos están trabajando para descubrir qué es lo que está generando más de estos gases.

Ojos en el cielo

Los satélites de la Administración Nacional de la Aeronáutica y del Espacio (*NASA*) recogen datos todos los días. Registran información sobre la atmósfera, los océanos y la tierra. Incluso ayudan a los **meteorólogos** a predecir las condiciones climáticas. Un programa denominado *Landsat* toma fotografías de la Tierra desde el espacio. Los científicos estudian las fotografías para descubrir qué áreas necesitan ayuda.

Uno de los satélites Landsat de la *NASA*.

Esta imagen muestra el glaciar Lambert en la Antártica desde arriba. Los cambios en el hielo significan que el resto de la Tierra experimentará cambios en la tierra y el aire.

Referencias:

Los colores muestran cuán rápido el hielo se está moviendo.

3,200–4,000 pies por año

sin movimiento

320–1,000 pies por año

Influencia humana

Los científicos están descubriendo que hay muchas razones para el cambio climático. La utilización de recursos es una de ellas. Todos dependemos de la Tierra. Sus recursos nos permiten sobrevivir. Existen dos tipos de recursos. Los **recursos renovables**, tales como el aire, la luz solar y el agua pueden ser reemplazados. Se producen una y otra vez en la naturaleza. Los **recursos no renovables** son utilizados a un ritmo más rápido de aquel al que se pueden producir. Los **combustibles fósiles**, tales como el carbón, el gas y el petróleo son recursos no renovables.

Ambos tipos de recursos son importantes para la vida en la Tierra. Necesitamos aire para respirar. Necesitamos luz solar para que nuestros cultivos crezcan. Y nuestros cuerpos necesitan agua. Los combustibles fósiles son utilizados para proveer de energía a nuestros hogares, escuelas y vehículos.

El aire, el agua y la tierra se ven afectados. Y un cambio puede llevar a otro cambio. Eso significa que incluso simples cambios pueden tener efectos complejos.

Antigua energía

Los combustibles fósiles provienen de plantas y animales muertos de más de 300 millones de años. Son encontrados debajo del suelo. Pasarán millones de años hasta que se produzcan nuevos combustibles fósiles.

Combustibles fascinantes

El carbón parece una roca dura y negra. Fue utilizado en China por primera vez hace 3,000 años.

El petróleo ha sido utilizado por más de 5,000 años. Se puede producir convirtiendo al carbón en un líquido. También puede ser encontrado en la profundidad del suelo. Es utilizado para abastecer de combustible a diferentes vehículos.

El gas natural ha sido utilizado por más de 7,000 años. Arde muy fácilmente. Los nombres son similares pero el gas natural es diferente a la gasolina. Varios hogares y empresas utilizan gas natural para generar calor.

Ávido de energía

Utilizamos electricidad para proveer de energía a nuestras ciudades y hogares. Los **generadores** que producen energía necesitan calor para funcionar. La mayoría de ellos quema carbón o gas para obtener calor. Pero los efectos pueden ser dañinos para nuestro medio ambiente. En algunas plantas de energía se utiliza el agua o el viento para generar calor. Algunas plantas de energía utilizan el calor del sol. Otras utilizan calor desde el interior de la Tierra. Y existen algunas que dividen **átomos**. Este tipo de plantas genera desechos peligrosos. Cada sistema presenta problemas.

Gran parte de nuestra energía proviene de recursos no renovables. La gente está trabajando duro para descubrir nuevas formas de generar energía. Por ejemplo, algunos autos nuevos funcionan por medio de electricidad. Esto es mucho más limpio que quemar gasolina. Sin embargo, la electricidad no siempre se produce de manera limpia. Los científicos están intentando descubrir mejores sistemas de energía. Mientras tanto, podemos ayudar al utilizar menos gas y electricidad.

Cerca del 83 por ciento de la polución del aire proviene del uso y producción de electricidad.

planta de energía

Restos de madera son convertidos en energía en una planta de bioenergía.

El poder del popó

Elementos sorprendentes como las cañas del maíz y las piñas pueden generar energía. Estos pueden ser utilizados para crear **biomasa**, otra fuente de energía. Los científicos están incluso experimentando con energía encontrada en el verdín de los charcos y el desecho animal ¡también conocido como popó!

Mundo acuático

El agua es importante para todos los seres vivos. Sin ella, las plantas, los animales y las personas morirían. El setenta por ciento de la superficie de la Tierra está cubierta de agua. Puede parecer mucho, pero solo un tres por ciento es **potable**. Esta agua proviene de los glaciares, las cimas nevadas y el agua subterránea. El agua es considerada un recurso renovable. Pero puede rápidamente convertirse en un recurso no renovable. Si los glaciares y las cimas nevadas se derritiesen y el agua terminara en el océano, ¡no quedaría nada de agua para beber! No habría agua dulce para las plantas, los animales o las personas.

el borde de un glaciar

Agua derrochada

En los Estados Unidos una persona promedio utiliza entre 80 y 100 galones de agua por día. Las largas duchas, los lavados de automóviles y los grandes jardines requieren agua.

Purificando el agua

Los investigadores están estudiando diferentes maneras de conservar el agua limpia. Los nenúfares pueden ser una forma natural de purificar el agua. Sus raíces largas y hojas gruesas son capaces de absorber los químicos tóxicos en el agua y así dejar el agua limpia.

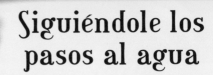

¡MÁS EN PROFUNDIDAD!

Siguiéndole los pasos al agua

El agua es un recurso renovable. Ha existido durante millones de años. ¿Cómo es esto posible? El ciclo del agua hace que esta circule en, sobre y abajo de la superficie de la Tierra. ¡Es posible que hayas bebido de un trago un vaso de agua proveniente de la misma fuente de la que los dinosaurios bebieron!

1 La mayor parte del agua que utilizamos es en un primer momento de lluvia.

TRATAMIENTO DEL AGUA

4 El agua limpia se dirige hacia los ríos, lagos y océanos. Parte de esa agua se vuelve a evaporar en la atmósfera en forma de nubes.

TRATAMIENTO DE DESECHOS EN EL AGUA

2 El agua pasa a través de cañerías en las cocinas y los baños.

¡ALTO!
PIENSA...

- ¿Dónde va el agua luego de la lluvia?

- ¿De qué están hechas las nubes?

- ¿Cómo podemos usar menos agua?

3 El agua utilizada es limpiada en una planta. Los encargados del suministro utilizan químicos para limpiar el agua. Cuanto más agua las personas utilizan, mayor es la cantidad de agua que debe ser limpiada.

Datos sobre los alimentos

Las plantas necesitan alimento, agua, luz solar y espacio para crecer. Para asegurarse de que sus cultivos permanezcan sanos, los productores deben protegerlos. La mayoría lo logra utilizando **pesticidas** y **fertilizantes**. Los químicos en estos productos pueden crear gases invernadero.

Muchos son los recursos utilizados para cultivar alimentos. E incluso se necesitan más recursos para **transportar** los alimentos al mercado. Los alimentos son trasladados desde las granjas y fábricas a distintos lugares del país. Algunos provienen de otros países. Se consume mucha energía para hacer que los alimentos lleguen al almacén. Esa energía es utilizada por automóviles, camiones, aviones, trenes y barcos que transportan mercadería. ¿Pero qué sucedería si los alimentos no necesitasen ir tan lejos? ¿Qué sucedería si proviniesen de granjas cercanas o la huerta de tu casa? Piensa en toda la energía que podríamos ahorrar. Utilizar menos energía significa provocar menos polución.

Comida rápida

Un mercado de productores es un lugar donde puedes comprar alimentos cultivados localmente. Esos alimentos no provienen de lugares remotos. Fueron cultivados en una granja local cercana a tu casa. No se necesita demasiada energía para acercártelos.

Se requieren grandes cantidades de agua para hacer crecer a los cultivos.

Toneladas de arroz

La gente alrededor del mundo come más de 453 millones de toneladas de arroz por año. Los **arrozales** son una enorme fuente de metano, un gas invernadero. Ahora los científicos les están enseñando a los cultivadores de arroz maneras de reducir la liberación de metano.

Aire sucio

El **esmog** es una densa neblina en el aire. Es producido cuando la luz solar choca contra el humo y los **gases de escape** de los automóviles. El aire es **polucionado** de distintas formas. Los automóviles y las fábricas queman combustible. El mismo envía gases invernadero dañinos a la atmósfera. Los fenómenos naturales como las erupciones volcánicas y los incendios forestales también pueden polucionar el aire. Algunos agentes de polución pueden causar enfermedades. Otros pueden dificultar la respiración. También aumentan los niveles de gas invernadero y así calientan la Tierra.

Anda en bicicleta

El esmog se produce por la acumulación de gases invernadero. Está formado por fuertes químicos que dañan a las plantas, los animales y las personas. En algunas grandes ciudades, tanto como el 85 por ciento de la polución proviene de los automóviles, camiones y otros vehículos. Ir a la escuela o al trabajo en bicicleta disminuye los niveles de polución significativamente.

La Organización Mundial de la Salud estima que 4.6 millones de personas mueren cada día de enfermedades relacionadas con la polución.

Perdiendo terreno

Los seres vivos necesitan espacio para sobrevivir. A medida que la **población** humana aumenta, necesitamos construir nuevos lugares para vivir. Pero nuestra necesidad de espacio significa quitárselo a otras criaturas. La **deforestación** es el proceso de eliminar áreas de selva. Cerca del 70 por ciento de los animales terrestres viven en selvas. Cuando se tala una selva, los animales pierden sus hogares. Deben encontrar otros lugares para vivir y mudarse a nuevos ecosistemas. Cuando eso sucede, los nuevos **ecosistemas** también cambian.

Asimismo, la deforestación produce cambios en el clima global. Sin árboles que cubran el piso el suelo se seca. La mayoría de las plantas tampoco crece en suelo sueco. Esto significa que hay menos alimento para los animales. Las plantas también ayudan a disminuir los gases invernadero porque consumen dióxido de carbono. Si hay menos árboles, mayor es la cantidad de dióxido de carbono que permanece en el aire.

Los hogares humanos se apoderan del espacio natural en el medio ambiente.

energía solar

oxígeno

dióxido de carbono

Durante su tiempo de vida cada árbol elimina una tonelada de dióxido de carbono de la atmósfera.

Casi la mitad de la selva tropical del Amazonas podría perderse para el año 2050.

Un pedazo de selva tropical del tamaño de una cancha de fútbol es talado por segundo.

Giros y vueltas

Lo único peor que el suelo seco es no tener suelo. La mayor parte de la Tierra está cubierta por materiales duros como el pavimento y el cemento. Mientras las ciudades crecen hay menos espacio para que las plantas crezcan. Una de las maneras de ayudar al medio ambiente es detener la pavimentación de nuestro mundo. Observa algunas de las carreteras más largas en el mundo.

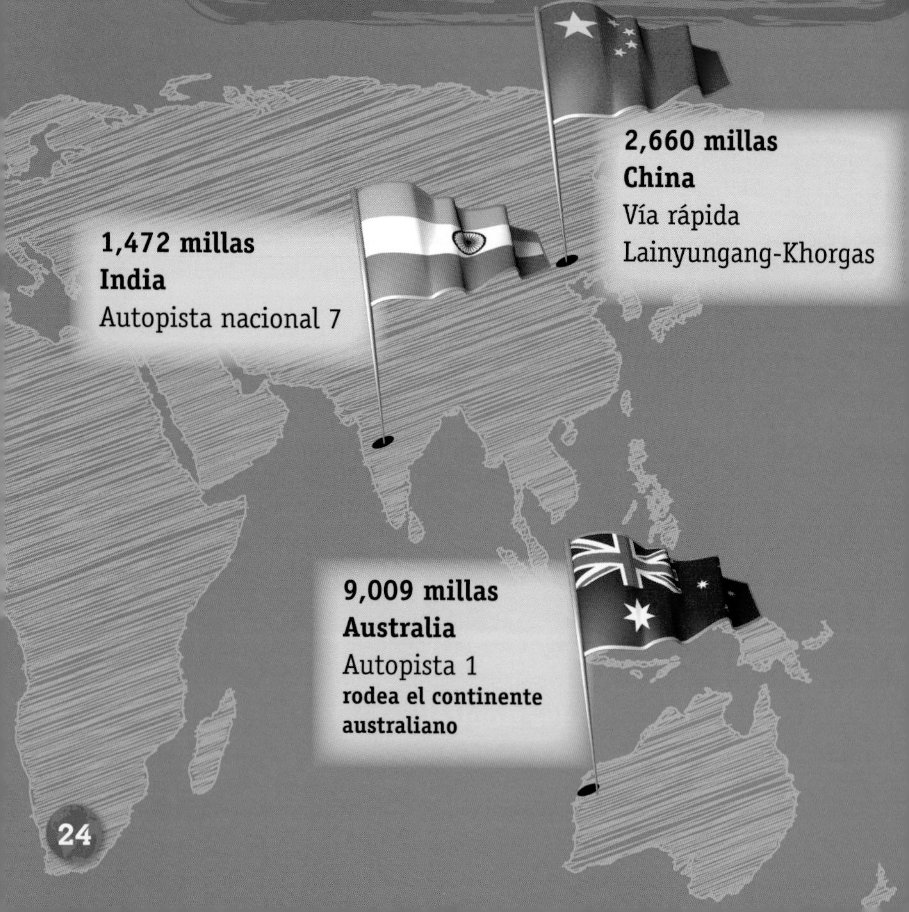

2,660 millas
China
Vía rápida
Lainyungang-Khorgas

1,472 millas
India
Autopista nacional 7

9,009 millas
Australia
Autopista 1
rodea el continente australiano

Fuerzas de conducción de vehículos

La quema de un galón de gasolina crea alrededor de 20 libras de dióxido de carbono. Cualquier cosa que reduzca la conducción de vehículos disminuye estas **emisiones**. Una manera de ayudar es compartir el transporte público. Los automóviles eléctricos pueden reducir la polución. Caminar más también hace la diferencia.

3,102 millas
Estados Unidos
Interestatal 90

2,983 millas
Brasil
Autopista regional brasileña 101

Más significa más

En la actualidad hay casi siete mil millones de personas en la Tierra. Pero nada más que 2,000 años atrás había solo 250 millones de personas. Nacen 130 millones de bebés por año. Las personas viven más tiempo. La población está creciendo. Cuanta más gente haya en la Tierra, más serán los recursos que se gastarán. Debemos ser más inteligentes con respecto al uso de los recursos. Con tantas personas, toda pequeña contribución ayuda.

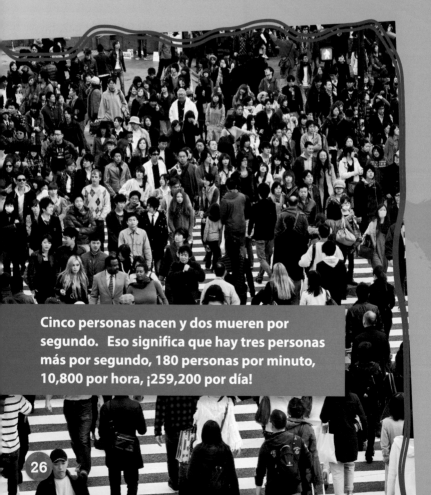

Cinco personas nacen y dos mueren por segundo. Eso significa que hay tres personas más por segundo, 180 personas por minuto, 10,800 por hora, ¡259,200 por día!

Números humanos a través del tiempo

La población ha estado creciendo a un ritmo rápido. ¡Y se espera más gente en el futuro!

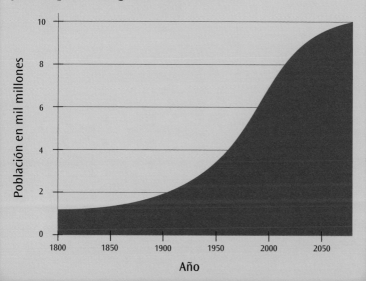

Población en mil millones (eje y: 0, 2, 4, 6, 8, 10)

Año (eje x: 1800, 1850, 1900, 1950, 2000, 2050)

Hablemos de la basura

   ¡Todas estas personas producen un montón de basura! Cada estadounidense produce cerca de 4.6 libras de basura por día. **Reciclar** aunque sea una botella de plástico puede ayudar. Ahorra parte de la energía necesaria para fabricar otra. La misma cantidad de energía podría mantener encendida una bombilla por cuatro horas. Los estadounidenses utilizan mil millones de bolsas para las compras por año. ¡Eso equivale a 300,000 toneladas de basura! Y significa 300,000 toneladas de basura que podría evitarse. Llevar bolsas de tela a la tienda es una manera fácil de prevenir la basura.

Los estadounidenses arrojan cinco millones de toneladas de basura extra entre el Día de Acción de Gracias y el Año Nuevo.

Anatomía de un recipiente de basura

Generamos un montón de basura. Pero la mayoría puede ser reciclada. Observa lo que estás tirando.

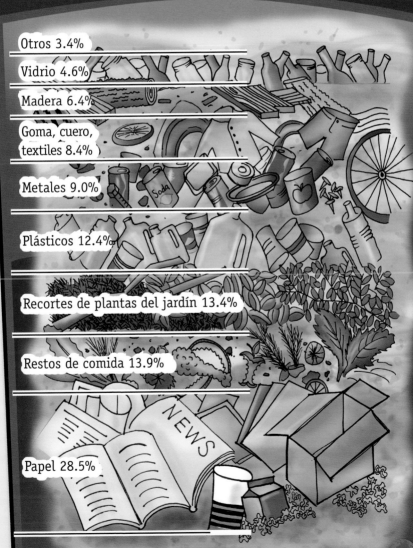

Otros 3.4%

Vidrio 4.6%

Madera 6.4%

Goma, cuero, textiles 8.4%

Metales 9.0%

Plásticos 12.4%

Recortes de plantas del jardín 13.4%

Restos de comida 13.9%

Papel 28.5%

Maneras reales de ayudar

Existen varias maneras de ayudar al planeta. Todos podemos trabajar juntos para utilizar menos recursos. Recuerda estas cinco erres y estarás en camino.

Reducir

Podemos reducir la cantidad de agua utilizada en una ducha o mientras nos cepillamos los dientes. Podemos reducir los gases al andar en bicicleta o compartiendo el vehículo.

Reutilizar

Podemos reutilizar servilletas de tela. Podemos lavar vasos en vez de utilizar los de papel.

¿Sabías que los electrodomésticos utilizan energía incluso cuando están apagados? Esto se denomina **energía fantasma**. Desenchufa tu computadora y demás máquinas para reducir el uso de energía.

Reciclar

El plástico, el papel
y el metal pueden
ser reciclados.

Más de 7,000 comunidades poseen programas paga-cuando-tiras. En estas ciudades sus habitantes pagan por cada bolsa de basura que tiran. Esto reduce la cantidad de basura producida porque la mayoría de las personas no quiere pagar mucho dinero para deshacerse de su basura.

Reparar

Intenta reparar las cosas
en vez de tirarlas.

GARAGE SALE

Repensar

Antes de comprar algo nuevo, pregunta si
un artículo usado podría servir también.

En nuestras manos

   Los automóviles, aviones y trenes nos facilitan la vida. La electricidad nos permite trabajar por más tiempo y jugar durante la noche. Pero las ventajas de la vida moderna han cambiado nuestro mundo de manera importante. Los recursos son utilizados a un ritmo más rápido de aquel al que se pueden producir. Hay menos terreno disponible para muchas formas de vida, incluidos los humanos. La Tierra se está calentando.

   Pero podemos resolver estos problemas. Y es nuestra responsabilidad. La Tierra necesita nuestra ayuda.

"Cuando el pozo está seco, nos damos cuenta de lo valiosa que es el agua".
—Benjamin Franklin

Encuentra tu huella

Cada uno de nosotros deja una marca en la Tierra. ¿Pero son los efectos buenos o malos? Cada año aumentamos los niveles de carbono en la atmósfera. Una **huella de carbono** es una medida de nuestras actividades. Muestra la cantidad de combustibles fósiles que quemamos. Por ejemplo, calentar un vaso de agua consume menos combustible que calentar una olla llena. Entonces la huella es más pequeña. Las huellas muestran la polución causada por los productos que utilizamos.

Las familias pueden encontrar sus huellas en línea. Pueden encontrar maneras de utilizar menos energía. Y pueden encontrar maneras de causar menos polución. Haz una lista con tu familia de las actividades que realizas todos los días. ¿Cuáles de ellas utilizan energía? Ahora, ¿cómo puedes utilizar menos energía? Elabora un plan y cúmplelo. Trabaja con tu familia para reducir tu huella de carbono.

REDUCE TU HUELLA DE CARBONO

Visita *myfootprint.org* para ver dónde estás parado.

Con juegos de mesa se utiliza menos energía que con los juegos electrónicos.

Huellas de neumático

Conducir 1,200 millas por mes libera 0.5 toneladas de dióxido de carbono en la atmósfera. Esto es seis toneladas de dióxido de carbono por año, por persona. ¿Qué puedes hacer para dejar una mejor marca en la Tierra?

Sigue tu pasión

Muchos grupos están concientizando sobre cuestiones ambientales. Piensa qué es lo que te gusta hacer y en qué eres bueno. Estas son las mejores formas de ayudar al planeta. ¿Te gusta hablar con la gente? Hazle conocer a otros sobre las maneras en que pueden ayudar al medio ambiente. ¿Te han dicho que deberías ser escritor? Entonces crea un blog sobre formas de reducir tu huella de carbono. Incluye consejos sobre la manera en que tus lectores pueden hacer lo mismo. Si eres hábil, intenta crear algo nuevo a partir de algo viejo. ¿En qué puedes convertir a ese viejo suéter? Si adoras estar al aire libre, intenta ir a la escuela caminando o en bicicleta en vez de ir en automóvil. Como individuos, lideramos mediante el ejemplo. Juntos podemos crear un mundo mejor.

Pastos más verdes

¿Cuál es tu lugar favorito para pasar un domingo libre? Ya sea un parque, tu habitación o un centro de compras, cada lugar puede requerir de tu ayuda para el cuidado del medio ambiente. Busca maneras de ayudar al medio ambiente donde sea que estés.

En una tienda...

busca productos con
menos envoltorio.

En el hogar...

apaga las luces que no estés
utilizando para mantener los
costos de energía bajos.

En el parque...

pregunta si puedes plantar
un árbol para aumentar el
oxígeno del aire.

Protegiendo nuestro planeta

Como el mundo cambia nosotros también debemos cambiar. La Tierra está en problemas. Y no podemos esperar para actuar. Tenemos las herramientas para crear un planeta más saludable. Pero esto requerirá trabajo duro y millones de personas para hacer la diferencia. Si todos realizamos pequeños cambios provocaremos un gran cambio en el mundo. ¿Qué puedes hacer hoy?

"Todos y cada uno de nosotros podemos realizar cambios en nuestra forma de vida y formar parte de la solución".
—Al Gore

Un esfuerzo grupal

Kids Korps USA les ofrece a los jóvenes formas de ayudar a otros. Actualmente muchos de sus esfuerzos están dedicados a ayudar al planeta. Robin Chappelow es uno de sus directores.

Jessica: ¿Qué proyectos ecológicos les gustan más a los niños?

Robin: Los favoritos son la limpieza de **lagunas**, playas y cañones. A los niños les gusta juntar basura y luego llevar la cuenta de lo que encontraron para estudios ambientales.

Jessica: ¿De qué otras formas pueden ayudar los niños?

Robin: Un proyecto creativo que a los niños les ha gustado es elaborar bolas de semillas a base de lodo. Las bolas fueron rellenadas con semillas de salvia costera. **Colaboramos** con *Wildlife Research Institute*. Ellos desparraman miles de estas bolas de semilla en lugares donde las plantas se han quemado en incendios forestales. Esta fue una fabulosa manera de ayudar a las plantas nativas para que volvieren a crecer.

Bolas de semillas

Hacer bolas de semillas es una manera divertida de combatir la deforestación. Más plantas significa menos dióxido de carbono en la atmósfera. Sigue estos simples pasos para hacer que nuestro planeta esté más limpio— ¡y más hermoso!

 Mezcla las semillas, el compost y la arcilla seca.

Lentamente agrega agua. Utiliza solo la cantidad de agua necesaria para hacer una bola del tamaño de una canica grande. Las bolas deben ser firmes.

Ingredientes

5 tazas de arcilla roja

1 taza de semillas de flores silvestres

3 tazas de compost

Agua

(Para 120 bolas de semillas)

 Deja que las bolas de semillas se sequen.

 Planta las bolas de semillas en un jardín, parque o campo abierto.

Glosario

arrozales: terreno húmedo donde se cultiva arroz

átomos: diminutas partículas que forman la materia

biomasa: material hecho con desechos animales y vegetales

clima: las condiciones climáticas promedio en una región durante varios años

colaboramos: trabajamos juntos

combustibles fósiles: los combustibles hechos de restos de plantas y animales

datos: una recolección de información real

deforestación: la acción o proceso de eliminar selvas

dióxido de carbono: un gas invernadero

ecosistemas: áreas donde ciertos seres vivos y no vivos se relacionan entre sí

emisiones: sustancias emitidas a través de la utilización de energía, generalmente en el aire

energía fantasma: energía utilizada por electrodomésticos que están apagados

esmog: una densa neblina causada por la luz solar al chocar contra el humo y los gases de escape

fertilizantes: desecho sólido de animales de granja que es agregado al suelo para ayudar a las plantas a crecer

gases de escape: gases o vapor utilizados de un motor

gases invernadero: gases que atrapan al calor en la atmósfera, incluidos el dióxido de carbono, metano y vapor de agua

generadores: máquinas que pueden transformar a la energía en electricidad

glaciares: grandes cuerpos de hielo que descienden lentamente de montañas y valles

huella de carbono: la cantidad de gases invernadero creados por algo durante un periodo determinado

lagunas: cuerpos de agua poco profundos; generalmente hechas por las personas

metano: un gas invernadero

meteorólogos: personas que estudian las condiciones climáticas y la atmósfera de la Tierra

modelos de clima: representaciones de los datos que las computadoras recolectan sobre el clima de la Tierra

pesticidas: químicos utilizados para matar insectos que dañan los cultivos

población: el número de personas que viven en un país o región

polucionado: estropeado con desechos

potable: agua que es segura para tomar

reciclar: procesar materiales, tales como vidrio, metal o papel para su reutilización

recursos no renovables: recursos que son creados por la Tierra y no pueden ser reemplazados

recursos renovables: recursos que son creados y reemplazados por la Tierra

transportar: mover de un lado a otro

vapor de agua: agua suspendida en el aire como un gas

Índice

Administración Nacional de la Aeronáutica y del Espacio (*NASA*), 8

agua, 6, 14–15, 18–19, 30, 34, 41

agua subterránea, 14

animales, 4, 10, 14, 20, 22

Antártica, 9

atmósfera, 6, 20, 23, 35, 41

átomos, 12

Australia, 24

basura, 28–29, 31, 40

biomasa, 13

bolas de semillas, 40–41

Brasil, 25

California, 4

carbón, 10–12

Chappelow, Robin, 40

China, 11, 24

ciclo del agua, 16

cimas nevadas, 14

clima, 4, 6–8, 10, 22

combustibles fósiles, 10, 34

condiciones climáticas, 4, 7–8

deforestación, 22, 41

desechos, 12–13

desiertos, 4

dióxido de carbono, 6, 22–23, 25, 35, 41

ecosistemas, 22

efecto invernadero, 6–7

electricidad, 12, 25

emisiones, 25

energía, 10, 12–13, 18, 23

esmog, 20

Estados Unidos, 15

fertilizantes, 18

Franklin, Benjamin, 33

gas natural, 11

gases de escape, 20

gases invernadero, 6–7, 22

generadores, 12

glaciar Lambert, 9

glaciares, 4, 9, 14

Gore, Al, 39

hielo, 4, 9

huella de carbono, 34, 36

India, 4, 24

Kids Korps USA, 40

Landsat, 8

mercado de productores, 18

metano, 6, 19

modelos de clima, 8

nenúfares, 15

océanos, 8, 16

Organización Mundial de la Salud, 21

pavimento, 24

pesticidas, 18

petróleo, 10–11

plantas de energía, 12

población, 22, 26–27

polución, 12, 18, 20–21, 25, 34

polucionar, 20

reciclar, 28, 31

recursos no renovables, 10, 12, 14

recursos renovables, 10, 14

reducir, 19, 30, 34

reutilizar, 30

satélites, 8

selva tropical del Amazonas, 23

selva tropical, 23

sol, 6, 12

temperatura, 4, 6

transporte público, 25

vapor de agua, 6

viento, 12

volcanes, 6, 20

Bibliografía

Amsel, Sheri. *The Everything Kids' Environment Book.* **Adams Media, 2007.**

A través de simples actividades este libro muestra cosas que puedes hacer para ayudar a proteger el planeta todos los días.

Caduto, Michael J. *Catch the Wind, Harness the Sun.* **Storey Publishing, 2011.**

Este libro posee 22 actividades y experimentos destinados a producir y jugar con energía renovable.

David, Laurie and Cambria Gordon. *The Down-to-Earth Guide To Global Warming.* **Orchard Books, 2007.**

Este libro está repleto de información sobre el calentamiento global y sus consecuencias. También incluye sugerencias sobre cómo puedes ayudar a combatir el calentamiento global en tu hogar, escuela y comunidad.

Housel, Debra J. *Pioneering Ecologists.* **Teacher Created Materials, 2008.**

Conoce a los científicos que estudiaron las conexiones que los seres humanos poseen entre sí y sus entornos.

Javna, Sophie. *The New 50 Simple Things Kids Can Do to Save the Earth.* **Andrews McMeel Publishing, 2009.**

Este libro brinda más información sobre cómo encontrar tu huella de carbono y cómo hacer la diferencia con simple proyectos, consejos y datos poco conocidos.

Más para explorar

Container Recycling Institute
http://www.container-recycling.org/kids.htm
   Este sitio web describe diferentes programas de reciclado que otros niños han comenzado a realizar en sus escuelas.

Environmental Protection Agency
http://www.epa.gov/peya
   Este programa promueve la concientización de los recursos naturales de América y reconoce a la juventud a través del país para proteger al aire, agua, tierra y ecología de nuestro país.

World Water Monitoring Challenge
http://www.worldwatermonitoringday.org
   El Desafío de monitoreo del agua en el mundo es un programa internacional de educación que involucra al público en la protección de los recursos de agua alrededor del mundo. Puedes monitorear y registrar la calidad de los cuerpos de agua locales mediante la utilización de un simple equipo de prueba. Los resultados son luego introducidos en el sitio web e incluidos en el informe anual.

Crafts Made from Recyclables
http://familyfun.go.com/crafts/crafts-by-material/recyclable-projects
   Toma elementos de tu hogar y conviértelos en algo divertido y nuevo. Este sitio web posee muchas ideas para creativas artesanías reciclables.

Kids for Saving Earth
http://www.kidsforsavingearth.org
   Kids for Saving Earth posee todo tipo de información sobre cómo proteger la tierra, el aire, el agua y las criaturas. Aprende maneras de proteger a la Tierra y toma decisiones ecológicas.

Acerca de la autora

Jessica Cohn creció en Michigan, donde fue voluntaria en la escuela y con las *Girl Scouts*. Tiene un título en Inglés y una maestría en Comunicación Escrita. Ha trabajado en publicaciones educativas durante más de una década como escritora y editora. Ha escrito artículos y libros sobre temas variados, incluso sobre la salud de nuestro planeta. Está casada y tiene dos hijos. El haber crecido cerca de los Grandes Lagos la hizo tomar especialmente conciencia de la importancia del agua limpia.